Contenido

contenido

I0880540

Bocadillos

La nueva tendencia se dirige a crear bocadillos menos formales. ¿Qué mejor manera de halagar a la familia y a los amigos que prepararles bocadillos diferentes? Los bocadillos permiten utilizar gran variedad de alimentos para complacer a todos los gustos.

Todos tenemos recuerdos de un dip o pasta de la infancia y ¿cuántas veces hemos sentido el impulso de preguntar la receta de un bocadillo delicioso que prepararon los anfitriones?

Las recetas de las siguientes páginas se crearon especialmente para darte nuevas ideas que estamos seguros que se convertirán en parte de tu repertorio favorito y el de tu familia.

Estas recetas facilitarán la manera de cocinar para reuniones informales, almuerzos, comidas, brindis, cocteles y bufetes. Las recetas son económicas, creadas pensando en los cocineros ocupados y contienen ingredientes a la venta en los supermercados.

Muchas de las recetas pueden prepararse con anticipación, lo cual permite al cocinero disfrutar la compañía de sus invitados.

Adéntrate en las siguientes páginas y descubre lo fácil que es preparar botanas deliciosas. No sólo te gustará el resultado sino que te darás cuenta del poco tiempo que necesitas para prepararlas.

Deja que tu mente vague por la sección de bocadillos de queso y dips y aprende a hacer creaciones exquisitas como los triángulos de

Introducción

queso, los cuales serán de tus favoritos cada vez que tengas reuniones, también podrás mezclar los diferentes dips y salsas... tus invitados no podrán dejar de probarlos.

La segunda sección de Botanas de carne y mariscos lleva la botana a nuevas combinaciones de ingredientes como albóndigas bañadas en salsa de chabacano y salami con queso crema o los deliciosos langostinos o camarones en mariposa y calamares marinados. ¿Se antoja? Pues espera a probarlos.

Este libro no estaría completo sin la sección de bocadillos de verduras donde las verduras a la parrilla se acompañan de pesto, el pollo es suavizado con miel y los espárragos sazonados en salsa de limón. ¿Quién necesita un plato fuerte si las botanas son así de exquisitas?

Ten a la mano este libro para que lo uses como guía de referencia cuando necesites botanas informales y quieras impresionar a tus invitados. Poco esfuerzo, muy buenos resultados.

Bocadillos de queso y dips

Canapés tricolor

Panes de jitomate:

- 3 rebanadas de pan baguette
- 1 diente de ajo, machacado
- 3 cucharadas de aceite de olivo
- 2 cucharadas de pesto
- 145 g / 5 oz de queso mozzarela, en 12 rebanadas
- 3 jitomates pequeños, en rebanadas delgadas
- 12 aceitunas negras, sin hueso

Ruedas de salmón:

- 4 rebanadas de pan de centeno
- 15 g / 1/2 oz de mantequilla, suave
- 145 g / 5 oz de salmón ahumado, en tiras
- 2 cucharaditas de jugo de limón
- 3 cucharadas de fromage frais*
- 1 cucharadita de crema de rábano*

Ruedas de pepino:

- 1 pepino
- 100 g / 3 1/2 oz de queso crema
- 1 cucharada de estragón fresco, picado
- sal y pimienta negra

* Véase página 47.

1 Refrigerar las rebanadas de pan baguette y centeno durante 2 horas.

2 Para las ruedas de pepino: pelar el pepino a lo largo para dar un efecto rallado; cortar en rebanadas de 1 cm / 1/2 in, con una cuchara quitar un poco de las semillas para hacer un hueco; secar las rebanadas con toallas de papel. Mezclar el queso crema, el estragón, la sal y la pimienta; rellenar las rebanadas con esta mezcla; sazonar con un poco más de pimienta negra; refrigerar durante 1 hora.

3 Para los panes de jitomate: precalentar el horno a 200°C / 400°F. Con un cortador redondo cortar 4 círculos de cada rebanada de pan baguette. Mezclar el ajo y el aceite; barnizar una charola para horno con la mitad del aceite de ajo; colocar los panes sobre la charola y barnizarlos con el resto del aceite; hornear durante 10 minutos o hasta que tengan color dorado; dejar enfriar y untar el pesto; colocar encima una rebanada de queso mozzarella, el jitomate y por último la aceituna; sazonar con pimienta.

4 Para las ruedas de salmón: con un cortador redondo cortar 3 círculos de cada rebanada de pan de centeno y untarles mantequilla. Mezclar el salmón, el limón, el fromage frais y la crema de rábano; colocar un poco de esta mezcla sobre cada círculo de pan.

Porciones *6* ***Tiempo de preparación*** *2 min más 2 hr para refrigerar*
Tiempo de cocción *10 min* ***Calorías*** *376* ***Grasa*** *26 g*

Mini pizza

3 hojas de pasta de hojaldre

400 g / 14 oz de salsa para pizza

Relleno:

queso mozzarella o parmesano, rallado

salami, jamón o tocino, picado

champiñones, pimiento rojo o aceitunas, picados

queso bocconchini

2 rebanadas de piña

2 rebanadas de jamón

4 rebanadas de queso cheddar

1 Con un cortador de galletas cortar círculos de 5 cm / 2 in y colocarlos en una charola para hornear.

2 Esparcir una cantidad generosa de salsa para pizza y poner encima los ingredientes del relleno al gusto.

3 Precalentar el horno a 200°C / 400°F de 12 a 15 minutos. Servir caliente.

Porciones *1-2*
Tiempo de preparación *15 min*
Tiempo de cocción *15 min*
Calorías *510*
Grasa *25 g*

Churros de queso

2 hojas de pasta de hojaldre, extendidas en rectángulo
1 huevo
55 g / 2 oz de queso cheddar, rallado

1 Batir ligeramente el huevo y barnizar una de las hojas de pasta; espolvorear el queso encima.

2 Barnizar la segunda hoja de pasta con huevo y colocarla encima de la primera.

3 Presionar las dos hojas para pegarlas bien; cortar la pasta a la mitad y cortar tiras de 2 1/2 cm / 1 in de ancho.

4 Tomar las tiras por las orillas y torcerlas; colocarlas en una charola para horno forrada con papel encerado.

5 Hornear a 230°C / 450°F de 8 a 10 minutos o hasta que tomen color dorado. Servir caliente.

Porciones *20* **Tiempo de preparación** *6 min* **Tiempo de cocción** *10 min* **Calorías** *35* **Grasa** *0.9 g*

Triángulos de queso

1 Precalentar el horno a 200°C / 400°F.

2 En un tazón revolver el queso ricotta, el queso feta y los huevos; sazonar con pimienta.

3 Barnizar una hoja de pasta filo con mantequilla derretida y poner otra hoja encima; cortar 4 tiras de pasta a lo largo.

4 Para hacer los triángulos: colocar en la esquina inferior derecha de cada tira una cucharadita copeteada de la mezcla de quesos; doblar la esquina de la pasta, donde está la mezcla, en forma diagonal sobre la esquina del lado izquierdo para formar un triángulo; doblar alternadamente a la derecha y a la izquierda hasta terminar la tira de pasta y obtener una forma triangular; barnizar con la mantequilla derretida y colocarlos sobre una charola para hornear.

5 Hornear durante 20 minutos o hasta que tengan color dorado.

- 310 g / 11 oz de queso ricotta
- 310 g / 11 oz de queso feta
- 4 huevos
- pimienta blanca
- 115 g / 4 oz de mantequilla, derretida
- 1 paquete de pasta filo

Rinde *25 triángulos* **Tiempo de preparación** *15 min*
Tiempo de cocción *20 min* **Calorías** *104 c/u* **Grasa** *128 g*

Dip Tzatziki (pepino con yogurt y menta)

170 g / 6 oz de yogurt natural
85 g / 3 oz de pepino rallado
1 cucharada de jugo de limón
1 diente de ajo, machacado
sal y pimienta negra
1 cucharada de menta, picada (opcional)

1 En un tazón combinar todos los ingredientes y sazonar con sal y pimienta al gusto; tapar con plástico y refrigerar mínimo una hora para que los ingredientes suelten el sabor.

2 Servir como dip con pan pita o galletas.

Rinde *1 tazón* ***Tiempo de preparación*** *5 min*
Calorías *141* ***Grasa*** *en cantidades mínimas*

Dip de berenjena rostizada y ajo

1 berenjena grande
5 dientes de ajo, pelados
1 cucharada de tahini*
1 cucharada de jugo de limón
1 cucharada de aceite de olivo, más extra para bañar
sal y pimienta negra

* Véase página 47.

1 Precalentar el horno a 200°C / 400°F.

2 En una charola para horno colocar la berenjena y los ajos; bañarlos con el aceite de olivo y hornear durante 20 minutos; sacar del horno; con una cuchara sacar la carne de la berenjena y ponerla en el procesador de alimentos junto con el ajo asado.

3 Hacerlos puré, agregar el tahini, el jugo de limón, el aceite de olivo; procesar hasta que se integren bien.

4 Sazonar con sal y pimienta al gusto. Servir con pan.

Rinde *2 tazones* ***Tiempo de preparación*** *10 min*
Tiempo de cocción *20 min* ***Calorías*** *140* ***Grasa*** *1.9 g*

Dip de queso ricotta con hierbas y panes de ajo

6 aceitunas verdes, sin hueso y finamente picadas

2 cucharadas de estragón fresco, picado

1 cucharada de cebollín, picado

1 cucharada de menta fresca, picada

2 cucharaditas de ralladura de limón

225 g / 8 oz de queso ricotta

pimienta negra

4 cucharadas de jitomates deshidratados,* hechos puré

1 pan baguette, cortado en rebanadas de 1 cm / 1/2 in de grueso

1 diente de ajo, cortado a la mitad

* Se encuentran en tiendas naturistas

1 Mezclar las aceitunas, el estragón, el cebollín, la menta y la ralladura de limón; agregar el queso ricotta y revolver bien; sazonar con pimienta.

2 Revolver ligeramente el puré de jitomate deshidratado con la mezcla de queso ricotta (revolver hasta obtener un efecto marmoleado).

3 Precalentar la parrilla. Asar las rebanadas de pan de 1 a 2 minutos por lado hasta que tomen color; frotar cada rebanada con las mitades de ajo. Servir el pan con el dip.

Porciones *4* ***Tiempo de preparación*** *10 min*
Tiempo de cocción *4 min* ***Calorías*** *417* ***Grasa*** *15 g*

2

Bocadillos de carne y mariscos

Albóndigas

Albóndigas:

3/4 de taza de chabacanos deshidratados, cortados en cubos

2 cucharadas de brandy

485 g / 17 oz de filete de res, molido

1 cebolla mediana, finamente picada

1 rebanada de pan blanco, sin costra y remojado en 1/4 de taza de agua

1/2 cucharadita de canela, molida

1 pizca de nuez moscada, molida

1 cucharadita de sal

1/2 cucharadita de pimienta

1 huevo

aceite para freír

Salsa de chabacano:

1/2 taza de chabacanos deshidratados, cortados en cubos

1 taza de agua

2 cucharaditas de azúcar

2 cucharaditas de vinagre balsámico

1 cucharadita de salsa teriyaki

1 cucharadita de jugo fresco de jengibre

Para las albóndigas:

1 Remojar los chabacanos en brandy para suavizarlos por 1 hora. En un tazón grande combinar todos los ingredientes para las albóndigas excepto el aceite; amasar con las manos durante 2 minutos hasta obtener una mezcla homogénea; tapar y refrigerar una hora para que los ingredientes suelten el sabor.

2 Tomar una cucharada copeteada de la mezcla y formar bolas con las manos húmedas; agujerar el centro de cada bola con un dedo y rellenar con 1/4 de cucharada de chabacanos suavizados y volver a cerrar la bola (los chabacanos deben quedar cubiertos); colocar las albóndigas sobre una charola; tapar con plástico y refrigerar mínimo 30 minutos antes de freír.

3 En una cacerola calentar suficiente aceite; freír las albóndigas en 2 ó 3 tandas, moverlas constantemente para que se frían parejo y mantengan la forma.

4 Escurrir en papel absorbente; colocarlas en un platón con la salsa en el centro.

Para la salsa de chabacano:

1 En una cacerola con agua colocar los chabacanos deshidratados y el resto de los chabacanos remojados; dejar que suelte el hervor y calentar a fuego lento durante 15 minutos o hasta que estén muy suaves.

2 Agregar el azúcar, el vinagre, la salsa teriyaki y calentar durante 2 minutos; licuar o colar; agregar el jugo de jengibre.

Rinde *20-25* **Tiempo de preparación** *2 hr* **Tiempo de cocción** *10 min* **Calorías** *100 c/u* **Grasa** *3 g*

con salsa de chabacano

Torres de salami

- 225 g / 8 oz de queso crema, a temperatura ambiente
- 85 g / 3 oz de chabacanos deshidratados, picados
- 4 cucharadas de mayonesa
- 1/2 cucharadita de salsa Tabasco
- 16 rebanadas de salami
- 115 g / 4 oz de chabacanos deshidratados, finamente picados

1 Reservar 3 cucharadas de queso crema. En un tazón revolver los chabacanos picados, la mayonesa, la salsa Tabasco y el queso crema.

2 Untar uniformemente una cucharadita copeteada de la mezcla de queso sobre una rebanada de salami; colocar encima otra rebanada de salami y untarle queso; repetir hasta llegar a 4 rebanadas (terminar con salami); continuar con el resto; colocar las torres en un plato, tapar con plástico y refrigerar durante 2 horas.

3 Esparcir los chabacanos picados finamente y esparcirlos sobre papel encerado, formar una tira de 1 1/2 cm / 3/4 in de ancho. Untar las 3 cucharadas de queso alrededor de las torres de salami; revolcar los lados de las torres sobre los chabacanos, presionar para que se adhieran bien; tapar y refrigerar. Para servir cortar cada torre en 4 ó 6 triángulos; encajar un palillo sobre cada triángulo y acomodar en un plato.

Rinde *24 porciones* **Tiempo de preparación** *15 min* **Calorías** *100 c/u* **Grasa** *3 g*

Rollos
de pollo al curry

1 Calentar el aceite en un sartén; sofreír el ajo y la cebolla hasta que ésta quede suave; añadir el curry y cocer un poco; agregar el jugo de limón y revolver; reservar. Mezclar el pollo con el pan molido, el cilantro, la sal y la pimienta; revolver bien con la mezcla del curry.

2 Extender en forma rectangular una hoja de pasta de hojaldre sobre una superficie plana y enharinada; cortarla a la mitad; colocar 1/4 de la mezcla de pollo en el centro de una de las mitades de la pasta formando una tira de 1 1/2 cm / 3/4 in de ancho; barnizar con agua uno de los lados de la pasta y enrollar sobre el relleno hasta llegar al otro extremo; presionar para sellar bien; cortar cada rollo en 4 ó 5 rebanadas; repetir con el resto de la pasta; barnizar con leche y espolvorear el ajonjolí; colocar las rebanadas sobre una charola para horno.

3 Precalentar el horno a 190°C / 375°F y hornear durante 10 minutos; reducir la temperatura a 180°C / 350°F y hornear durante 15 minutos o hasta que doren. Servir calientes.

- 2 cucharaditas de aceite de cánola
- 1 cebolla mediana, finamente picada
- 1 diente de ajo pequeño, machacado
- 2 cucharaditas de pasta de curry
- 1 1/2 cucharaditas de jugo de limón
- 455 g / 16 oz de pollo, molido
- 3 cucharadas de pan molido
- 1/2 cucharadita de sal
- 1/2 cucharadita de pimienta
- 2 cucharadas de cilantro, picado
- 2 hojas de pasta de hojaldre
- 1 cucharada de leche, para barnizar
- 1 cucharada de ajonjolí
- harina

Porciones *16-20* ***Tiempo de preparación*** *30 min*
Tiempo de cocción *25 min* ***Calorías*** *112 c/u* ***Grasa*** *1 g*

Brochetas

de pollo satay

455 g / 16 oz de filetes de pollo
sal y pimienta
1 cucharada de jugo de limón
1 diente de ajo, machacado

Salsa satay:
3/4 de taza / 170 g / 6 oz de mantequilla de cacahuate
3/4 de taza / 170 ml / 6 oz de agua
2 cucharadas de azúcar morena
1/8 de chile en polvo
1 cucharada de salsa de soya
1 cucharada de cebolla fileteada
2 cucharadas de semillas de ajonjolí, tostadas
brochetas de bambú, remojados en agua

Porciones *4*
Tiempo de preparación *30 min*
Tiempo de cocción *20 min*
Calorías *100 c/u*
Grasa *5 g c/u*

1 En un sartén mezclar todos los ingredientes de la salsa satay; calentar a fuego lento durante 5 minutos y dejar enfriar.

2 Cortar los filetes en trozos de 5 cm / 2 in; condimentar con sal y pimienta, el jugo de limón y el ajo; colocarlos en un recipiente con parte de la salsa satay, tapar y marinar en el refrigerador durante 1 hora mínimo o toda la noche.

3 Encajar 4 ó 5 trozos de pollo en cada brocheta (no encimarlos para que se cuezan bien).

4 Engrasar la parrilla y asar las brochetas a intensidad alta durante 15 minutos, girar constantemente; barnizar con el resto de la salsa satay hasta que estén cocidas y de color café; esparcir el ajonjolí.

5 Servir calientes con arroz o chutney.

Camarones

con ajo

- 1 kg / 35 oz de camarones (aproximadamente 20 piezas), sin cabeza, sin cáscara, dejar la cola
- 2 cucharadas de aceite de olivo
- 1 cucharada de jugo de limón
- 2 dientes de ajo, machacado
- 2 chiles de árbol, sin semillas y picados
- 2 cucharadas de perejil, picado
- 1/2 taza de harina
- aceite para freír
- tiras de limón y perejil picado para decorar

1 Hacer una incisión en el dorso de cada camarón para sacar la vena.

2 En un recipiente mezclar el aceite, el jugo de limón, el ajo, el chile y el perejil; agregar los camarones, revolver y marinar de 2 a 3 horas.

3 Calentar aceite en un sartén. Enharinar los camarones y freírlos en el aceite de 2 a 3 minutos; escurrir sobre papel absorbente.

4 Servir con las tiras de limón y el perejil.

Porciones *6*
Tiempo de preparación *20 min más tiempo para marinar*
Tiempo de cocción *2-3 min*
Calorías *14 c/u*
Grasa *1 g c/u*

Calamares

marinados con aderezo de limón y hierbas

1 kg / 2 lb de aros de calamar

85 ml / 3 oz de jugo de limón

3 dientes de ajo, machacados

125 ml / 4 oz de aceite de olivo, más extra para cocinar

Aderezo:

65 ml / 2 oz de jugo de limón

100 ml / 3 oz de aceite de olivo

1 1/2 cucharada de perejil, picado

1 diente de ajo, machacado

1 cucharadita de mostaza Dijon

sal y pimienta

Porciones *4-6*
Tiempo de preparación *30 min más tiempo para marinar*
Tiempo de cocción *3-4 min*
Calorías *140 c/u*
Grasa *1.5 g c/u*

1 Poner en un tazón el limón, el ajo , el aceite de los calamares; dejar marinar durante 3 horas mínimo (es mejor si se marina toda la noche).

2 Para el aderezo: mezclar todos los ingredientes; batir hasta que espese un poco.

3 Calentar 1 cucharada de aceite en un sartén y colocar los calamares, cocer durante unos minutos hasta que estén bien cocidos. Se pueden cocer en una parrilla.

4 Servir los calamares y verter encima el aderezo.

Brochetas

de salchicha y chabacano

- 4 salchichas de cerdo
- 115 g / 4 oz de chabacanos deshidratados
- 1 cucharada de miel
- 2 cucharadas de salsa de soya
- 1 cucharadita de agua

1 Cocer las salchichas en la parrilla o freírlas en un sartén; dejar enfriar.

2 Cortar las salchichas en rebanadas de 1-1 1/2 cm / 1/2 - 3/4 in de grueso; encajar una rebanada en un palillo junto con medio chabacano.

3 Mezclar la miel, la soya y el agua; barnizar las brochetas y colocarlas en la parrilla o en el horno a temperatura baja; cocer durante 10 minutos. Servir calientes.

Rinde *16 porciones aproximadamente* ***Tiempo de preparación*** *15 min*
Tiempo de cocción *10 min* ***Calorías*** *110* ***Grasa*** *2.5 g c/u*

Chabacanos
con nuez y tocino

- 2 rebanadas de tocino ahumado
- 12 mitades de nuez
- 6 piezas de chabacano deshidratado

1 Extender las rebanadas de tocino y cortarlas en 3 partes. Meter 2 mitades de nuez en un chabacano y envolverlo con un trozo de tocino; asegurar con un palillo.

2 Precalentar la parrilla u horno y colocar los chabacanos envueltos, cocer durante 2 minutos o hasta que el tocino esté crujiente; voltear y cocer durante 1 minuto más. Servir caliente.

Porciones *6*
Tiempo de preparación *5 min*
Tiempo de cocción *5 min*
Calorías *61*
Grasa *5 g c/u*

Carpaccio
de res

- 455 g / 16 oz de filete de res, cortado en rebanadas de 5 mm / 1/4 in
- 115 g / 4 oz de arúgula
- 15 ml / 1/2 oz de vinagre balsámico
- 45 ml / 1 1/2 oz de aceite de olivo, extra virgen
- queso pecorino, en rebanadas delgadas
- pimienta negra, recién molida
- sal

1 Engrasar una hoja de papel encerado y espolvorear sal y pimienta.

2 Acomodar 4 rebanadas de filete (separadas entre sí); tapar con otra hoja engrasada de papel encerado con sal y pimienta; golpear la carne suavemente hasta que doble su tamaño; repetir con el resto del filete.

3 Refrigerar hasta que se utilice.

4 Colocar la arúgula en el centro de un platón y acomodar alrededor las rebanadas de filete; rociar con el vinagre balsámico y el aceite de olivo.

5 Para servir poner encima las rebanadas de queso pecorino y la pimienta negra

Nota: es más fácil cortar rebanadas delgadas si la carne está congelada.

Porciones *6* **Tiempo de preparación** *15 min* **Calorías** *160* **Grasa** *2.2 g*

- 55 ml / 2 oz de aceite de olivo extra virgen
- 45 ml / 1 1/2 oz de jugo de limón
- 1 cebolla pequeña, finamente picada
- 2 cucharaditas de alcaparras enteras
- 340 g / 12 oz de salmón ahumado, 3 a 4 rebanadas por persona
- 1 cucharada de perejil, picado
- pimienta negra, recién molida
- alcaparras extra para decorar

Carpaccio de salmón ahumado

1 Para el aderezo: en un tazón mezclar muy bien el aceite, el jugo de limón, la cebolla y las alcaparras, revolver con cuidado para no romper las alcaparras.

2 Acomodar el salmón ahumado en platos para servir.

3 Rociar el aderezo sobre el salmón, espolvorear el perejil y la pimienta negra. Adornar con alcaparras.

Porciones *4* ***Tiempo de preparación*** *15 min* ***Calorías*** *218* ***Grasa*** *2.2 g*

Rollos
de ciruela y proscuitto

255 g / 9 oz de ciruelas, sin hueso
palillos
145 g / 5 oz de proscuitto

1 Cortar las rebanadas de proscuitto a la mitad (a lo ancho y a lo largo).

2 Enrollar una tira de proscuitto alrededor de una ciruela y sellar con un palillo.

3 Servir como canapé.

Rinde *24 porciones* **Tiempo de preparación** *10 min* **Calorías** *190* **Grasa** *2 g*

Para el salmón:

- 1/4 de taza de vinagre de arroz, condimentado
- 1/4 de taza de jugo de limón
- 2 cucharadas de cilantro fresco, picado
- 1 cucharadita de ralladura de jengibre
- 485 g / 17 oz de filetes de salmón, sin piel
- 4 cebollas de cambray
- 1 zanahoria
- 12 piezas de hojas de arroz
- 1/2 manojo de cilantro fresco
- aceite de cacahuate, para freír

Para la salsa:

- 3 cucharadas de jugo de limón
- 2 cucharadas de vinagre de arroz
- 1 cucharada de salsa de soya
- 1 cucharada de salsa de pescado*
- 2 cucharadas de azúcar
- 2 cucharadas de ralladura de jengibre
- 1/2 taza de cilantro fresco
- 2 cucharadas de perejil fresco

* Véase página 47.

Rollos de salmón

1 Para la marinada: revolver el vinagre de arroz, el jugo de limón, el cilantro y el jengibre. Cortar el salmón en rebanadas de 8 x 2 cm / 3 x 3 / 4 in (aproximadamente 12 piezas); colocar el salmón en la marinada y dejarlo reposar durante 30 minutos.

2 Para la salsa: en un tazón pequeño poner el jugo de limón, el vinagre de arroz, la salsa de soya, la salsa de pescado, el azúcar, el jengibre, el cilantro y el perejil; revolver bien (también se puede usar el procesador de alimentos o la licuadora); reservar.

3 Rebanar las cebollas de cambray en gajos. Pelar la zanahoria y cortarla en juliana (tiras).

4 Sacar el salmón de la marinada y secar con papel absorbente.

5 Poner agua caliente en un recipiente y remojar, una por una, las hojas de arroz para que se suavicen; colocar una hoja sobre un paño limpio y en la parte superior de la hoja acomodar un trozo de salmón, cebolla, zanahoria y cilantro; enrollar firmemente doblando las orillas hacia adentro; repetir con el resto de las hojas de arroz; poner los rollos en un plato (con el extremo hacia abajo).

6 En un sartén calentar el aceite de cacahuate y freír los rollos con el extremo hacia abajo y voltearlos cuando estén dorados.

7 Escurrir en papel absorbente. Servir calientes con la salsa.

Rinde *12 porciones* **Tiempo de preparación** *30 min más tiempo para marinar*
Tiempo de cocción *5-7 min* **Calorías** *130* **Grasa** *2.5 g*

Pollo

con miel y ajonjolí

455 g / 16 oz de filetes de pollo

1/4 de cucharadita de aceite de ajonjolí

1/4 de cucharadita de polvo de 5 especias*

2 cucharadas de harina

aceite de cacahuate

3 cucharadas de miel

1 cucharada de jugo de limón

2 cucharadas de ajonjolí

Pasta:

30 g / 1 oz de harina de maíz

85 g / 3 oz de harina de trigo

300 ml / 10 1/2 oz de agua

1 clara de huevo

* Véase página 47.

1 Cortar el pollo en tiras; revolver con aceite de ajonjolí y las 5 especias; reposar durante 5 minutos. Preparar la pasta (ver instrucciones abajo). Calentar el aceite en un recipiente. Enharinar el pollo y sacudir el exceso; sumergir en la pasta y freír en el aceite hasta que tomen color dorado en tandas de 5 ó 6 piezas hasta terminar todo el pollo; escurrir en papel absorbente. Colar el aceite del recipiente.

2 Colocar la miel y el limón en el recipiente, calentar a fuego medio; poner el pollo en tandas en el recipiente y bañarlo con la mezcla de miel; servir en un plato y espolvorear el ajonjolí. Servir calientes.

Pasta: cernir los dos tipos de harina en un tazón; añadir el agua y batir hasta deshacer los grumos. Batir la clara hasta que esté firme e incorporarla a la mezcla del harina.

Porciones *6* ***Tiempo de preparación*** *15 min*
Tiempo de cocción *5-7 min* ***Calorías*** *241* ***Grasa*** *5.7 g*

Frittata

de calabaza, papa y romero

310 g / 11 oz de calabaza de castilla, pelada, sin semillas y cortada en cubos de 2 cm / 3/4 in
225 g / 8 oz de kumera,* pelada y cortada en cubos de 2 cm / 3/4 in
1 cucharada de aceite de olivo
2 ramitos de romero, picado
1/2 cucharadita de sal de grano
4 huevos
1/2 taza de crema
1/2 taza de leche
1 diente de ajo, picado
1/2 taza de queso parmesano, rallado
sal y pimienta al gusto

* Véase página 47.

1 Precalentar el horno a 220°C / 425°F.

2 En un molde para horno mezclar la calabaza, la mitad del romero, las papas, la kumera y la sal de grano; hornear durante 20 minutos o hasta que esté cocido.

3 Engrasar una charola para muffins (de 12 piezas).

4 En un tazón mezclar los huevos, la crema, la leche, el ajo, el queso, el resto del romero, la sal y la pimienta; agregar a la mezcla de calabaza.

5 Verter en la charola para muffins y hornear a 180°C / 350°F de 30 a 35 minutos.

Rinde *12 porciones*
Tiempo de preparación *20 min*
Tiempo de cocción *1 hr*
Calorías *120 c/u*
Grasa *3 g c/u*

3 *Bocadillos* de verduras

Piroshki de papas

Masa:

3 tazas de harina
4 cucharaditas de polvo para hornear
1/2 cucharadita de sal
115 g / 4 oz de mantequilla dura, cortada en cuadritos
2 yemas
1/2 taza de crema ácida
1-2 cucharadas de agua fría

Relleno:

1 cucharada de aceite de olivo
1 cucharada de mantequilla
1 puerro, rebanado
3 hojas de col, finamente picadas
2 papas grandes
sal y pimienta al gusto
1/2 cucharadita de nuez moscada
1-2 cucharadas de eneldo fresco
huevo batido o leche para barnizar
dip de crema agria y hierbas (para servir)

Porciones *8*
Tiempo de preparación *50 min*
Tiempo de cocción *20-25 min*
Calorías *400*
Grasa *13 g*

1 Precalentar el horno a 190°C / 375°F.

2 Para hacer la masa: procesar el harina, el polvo para hornear, la sal y la mantequilla hasta formar migajas. Batir en un recipiente pequeño las yemas, la crema ácida y el agua fría; sin dejar de batir incorporar la mezcla de la crema ácida al harina hasta alcanzar punto de bola (cuando la masa forma una bola).

3 Dividir la masa en 4 partes; formar un disco con cada una; envolver en plástico y refrigerar durante 30 minutos mínimo (hasta 24 horas máximo).

4 Para hacer el relleno: calentar el aceite y la mantequilla; cocer el puerro; agregar la col y cocer hasta que esté suave. Rebanar las papas y hervirlas hasta que se suavicen; hacerlas puré; revolverlas con la mezcla del puerro y sazonar con sal y pimienta al gusto; agregar la nuez moscada y el eneldo y revolver bien.

5 Para hacer el piroshki: extender las piezas de la masa refrigerada (5 mm / 1/4 in de grueso) y cortar círculos de 8 cm / 3 in de diámetro; colocar una cucharadita del relleno en cada círculo; barnizar las orillas de la pasta con un poco de agua; juntar las orillas para formar una empanada pequeña, sellar bien; barnizar las empanadas con el huevo o leche.

6 Engrasar con mantequilla o aceite la charola para horno y hornear los piroshki hasta que estén crujientes y dorados, aproximadamente 20-25 minutos.
O freírlos en mucho aceite hasta que doren; escurrir bien y servir de inmediato con salsa de crema ácida.

Verduras

con pesto a la parrilla

I pimiento, cortado en trozos

I berenjena, en rebanadas

2 cebollas moradas, en cuartos

2 calabazas zucchini, en rebanadas a lo largo

I camote, en rebanadas delgadas

Salsa de pesto:

I I/2 taza de hojas de albahaca

I/2 taza de piñones, tostados

2 dientes de ajo, picados

I/4 de taza de queso parmesano, rallado

I/4 de taza de queso pecorino, rallado

80 ml / 2 I/2 oz de aceite de olivo

sal y pimienta recién molida

Porciones *4*
Tiempo de preparación *10 min*
Tiempo de cocción *5-6 min*
Calorías *113*
Grasa *2 g*

I Preparar las verduras para asarlas.

2 Engrasar y calentar la parrilla. Barnizar las verduras con un poco de aceite de olivo y asar hasta que estén cocidas. Servir con pesto.

Para la salsa de pesto:

I Procesar la albahaca, los piñones, el ajo y los quesos hasta obtener una pasta.

2 Sin dejar de procesar agregar aceite en una cantidad constante hasta que la pasta esté bien combinada.

3 Sazonar con sal y pimienta al gusto.

4 Refrigerar con un poco de aceite en la parte superior para evitar que la albahaca se ponga de color café.

Espárragos
con salsa de limón

- 2 manojos de espárragos (565 g / 20 oz en total)
- sal y pimienta negra

Para la salsa:

- 2 huevos medianos
- 2 cucharadas de pepino, picado
- 1 cucharadita de alcaparras, enjuagadas, coladas y picadas
- 1 cucharadita de mostaza Dijon
- 5 cucharadas de aceite de olivo
- ralladura y jugo de 1/2 limón
- 1 pizca de azúcar blanca (opcional)
- 2 cucharadas de perejil, finamente picado
- 2 cucharadas de crème fraîche o fromage frais*

* Véase página 47.

Porciones *4*
Tiempo de preparación *15 min*
Tiempo de cocción *20 min*
Calorías *249* **Grasa** *22 g*

1 Para la salsa: colocar los huevos en una cacerola con agua fría, dejar que suelte el hervor y cocer durante 10 minutos o hasta que estén duros y hervidos; pelar, cortar a la mitad y reservar las yemas.

2 Machacar las yemas en un recipiente junto con el pepino; añadir las alcaparras y la mostaza; incorporar el aceite poco a poco (o usar un procesador de alimentos o una batidora eléctrica); agregar la ralladura y el jugo de limón y el azúcar; agregar el perejil y la crème fraîche o fromage frais.

3 Cortar el extremo duro de los espárragos y con un pelapapas pelar 5 cm / 2 in hacia la punta. Colocar 4 cm / 1 1/2 in de agua en una cacerola, añadir un poco de sal y dejar que suelte el hervor; colocar los espárragos de pie en la cacerola de manera que las puntas queden fuera del agua; calentar a fuego lento durante 5-6 minutos hasta que estén suaves y colar. Servir los espárragos con la salsa y espolvorear pimienta negra molida.

Rollos
de ensalada de verduras

Relleno:

55g / 2 oz de fideo

3 cucharadas de vinagre de arroz

1 cucharada de salsa de pescado*

4 cucharadas de cacahuates asados, en trozos

12 camarones grandes, cocidos y finamente picados

20 hojas de albahaca, picadas

10 hojas de menta, picadas

1/4 de manojo de cilantro fresco, finamente picado

4 hojas de col bok choy*

2 hojas de col, en juliana

5 cebollas de cambray, en juliana

1 zanahoria mediana, en juliana

12-16 hojas de papel de arroz (de 20 cm / 8 in)

* Véase página 47.

Salsa de cacahuate:

2 cucharadas de aceite de cacahuate

5 dientes de ajo picados

1/2 chile rojo, picado

5 cucharadas de mantequilla de cacahuate

1 1/2 cucharaditas de puré de tomate

3 cucharadas de salsa hoi sin*

1 cucharadita de azúcar

1 cucharadita de salsa de pescado*

3/4 de taza de agua

1/4 de taza de cacahuates, picados

* Véase página 47.

Rinde *12-16 porciones*
Tiempo de preparación *30 min*
Tiempo de cocción *10 min*
Calorías *104*
Grasa *1 g*

1 Cocer los fideos en una cacerola con agua de 10 a 15 minutos hasta que estén suaves; colar y enjuagar de inmediato con agua fría; cortarlos un poco (para que sean fáciles de manejar) y revolver con el vinagre, la salsa de pescado, los cacahuates y los camarones.

2 Mezclar las verduras frescas y reservar. En un recipiente grande mezclar ambos tipos de col, las cebollas de cambray, la mezcla del fideo y las zanahorias; revolver bien.

3 Tomar 1 hoja y remojarla en agua caliente durante 30 segundos; colocarla sobre una superficie plana (repetir con el resto); sobre cada hoja colocar una pequeña cantidad de la mezcla de verduras y fideo; enrollar firmemente doblando las orillas para que no se salga el relleno.

4 Para hacer la salsa de cacahuate: calentar el aceite y saltear el ajo junto con el chile hasta que estén suaves, aproximadamente 2 minutos; añadir el resto de los ingredientes y revolver al fuego; dejar que suelte el hervor y calentar a fuego lento durante 3 minutos.

5 Rebanar cada rollo en forma diagonal y acomodar una mitad sobre la otra. Servir la salsa aparte en un recipiente pequeño.

Champiñones

rellenos de pesto

14 champiñones (de igual tamaño), sin tallo (reservar el tallo)

1 cucharada de mantequilla, sin sal

4 cebollas de cambray

8 jitomates deshidratados,* escurridos y picados

1 cucharada de pan molido, seco

sal y pimienta al gusto

3 cucharadas de queso parmigiano, rallado

4 cucharadas de pesto

Pesto:

2 tazas de hojas de albahaca

2 dientes de ajo, pelados

1/2 taza de pistaches, tostados

1/3 de queso parmesano, rallado

1/3-1 taza de aceite de olivo

sal y pimienta al gusto

* Se venden en tiendas tipo naturista

1 Picar finamente los tallos junto con 1 ó 2 cascos de los champiñones; saltearlos en mantequilla con las cebollas de cambray hasta que se suavicen; retirar del fuego y agregar los jitomates deshidratados, el pan molido y sazonar con sal y pimienta al gusto; añadir la mitad del queso y revolver bien.

2 Barnizar la parte interior de los cascos con la salsa de pesto y rellenarlos con la mezcla anterior; colocarlos sobre una charola sin engrasar para horno y espolvorear el resto del queso; hornear a 200°C / 400°F de 6 a 10 minutos, hasta que estén calientes y firmes. Servir calientes o fríos.

Para hacer el pesto de albahaca:

En un procesador de alimentos colocar la albahaca, el ajo, los pistaches y el queso; procesar hasta que estén finamente picados; sin apagar el motor agregar el aceite de olivo hasta obtener la consistencia deseada; sazonar con sal y pimienta (opcional)

Porciones *4*
Tiempo de preparación *20 min*
Tiempo de cocción *10 min*
Calorías *150 c/u*
Grasa *3 g c/u*

Frituras

1 En una cacerola colocar el agua y la sal; dejar que suelte el hervor; poco a poco añadir la polenta, revolver constantemente, de 3 a 5 minutos o hasta que la polenta espese y se incorpore.

2 Apagar el fuego; agregar el elote, las cebollas de cambray, el perejil y el ajo, mezclar bien; colocar en un tazón y dejar enfriar.

3 Cernir el harina y el polvo para hornear y combinar con la mezcla de polenta; agregar el huevo, sal y pimienta.

4 Calentar el aceite en un sartén a fuego medio; colocar cucharadas de la mezcla; cocer de 1 a 2 minutos por lado.

5 Servir con crème fraîche (opcional)

- 370 ml / 13 oz de agua
- 1/2 cucharadita de sal
- 1/2 taza de polenta
- 1/2 taza de granos de elote o 1/2 taza de pimiento rojo
- 1/4 de taza de cebollas de cambray, en juliana
- 1 cucharada de perejil, finamente picado
- 1 diente pequeño de ajo, machacado
- 1/3 de harina
- 1/4 de cucharadita de polvo para hornear
- 1 huevo, ligeramente batido
- sal y pimienta al gusto
- aceite de olivo (para cubrir el fondo del sartén)

Rinde *16 frituras* ***Tiempo de preparación*** *30 min*
Tiempo de cocción *15 min* ***Calorías*** *45 c/u* ***Grasa*** *3.5 g*

de polenta y elote

Pesos y medidas

Para convertir

Métrico	Imperial
5mm	1/4 in
1cm	1/2 in
2cm	3/4 in
2 1/2cm	1 in
5cm	2 in
10 1/2cm	4 in
15cm	6 in
20cm	8 in
23cm	9 in
25cm	10 in
30cm	12 in

temperatura del horno

°C	°F
120	250
140	275
150	300
160	326
180	350
190	375
200	400
220	425
240	475
250	500

Líquidos métricos:

Métrico	Imperial	Tazas
30ml	1 oz	
60ml	2 oz	1/4 taza
90ml	3 oz	
125ml	4 oz	1/2 taza
155ml	5 oz	
170ml	5 1/2 oz	2/3 taza
185ml	6 oz	
220ml	7 oz	
250ml	8 oz	1 taza
500ml	16 oz	2 tazas
600ml	20 oz (1 pinta)	
750ml	1 1/4 de pinta	
1L	1 3/4 de pinta	4 tazas
1 1/5 L	2 pintas	

métrico, tazas y cucharadas

Métrico	Tazas	Imperial
60ml	1/4 de taza	2 oz
80ml	1/3 de taza	2 1/2 oz
125ml	1/2 taza	4 oz
250ml	1 taza	8 oz

Métrico	Cucharadas
1 1/4ml	1/4 de cucharadita
2 1/2ml	1/2 cucharadita
5ml	1 cucharadita
20ml	1 cucharada

Para medir ingredientes secos

Métrico	Imperial
15g	1/4oz
30g	1oz
60g	2oz
90g	3oz
125g	4oz
155g	5oz
185g	6oz
220g	7oz
250g	8oz
280g	9oz
315g	10oz
410g	13oz
440g	14oz
470g	15oz
500g	16oz(1lb)
750g	1lb 8 oz
1kg	2lb
1 1/2 kg	3lb

"Notas del chef"

Crema de rábano: para su elaboración: ingredientes: crema, sal o limón (opcional), azúcar, rábano picante en polvo y vinagre (opcional). Batir bien la crema hasta que esté algo espesa, sazonarla con el limón, el rábano picante y el azúcar. Otro modo para prepararla es: batir la crema, la sal, el azúcar, el rábano picante y un poco de vinagre para obtener esta crema de rábano. ("Aderezo de raíz fuerte") Es un aderezo hecho de una raíz, es parecido al wasabi. Se vende embotellado.

Crème Fraîche: esta crema agria no se corta al calentarla, por lo que es ideal para hacer salsas cremosas. También se usa para botanas y postres. Modo de preparar: Calentar una taza de crema espesa a 100 °F, añadir una o dos cucharadas de crema agria, nata o yogurt natural; dejar reposar a temperatura ambiente durante 9 horas mínimo antes de refrigerar.

Col bok choy: también se le conoce como "col china". Verdura con tallos crujientes y hojas tiernas de color verde.

Estragón: hierba aromática de olor y sabor exquisitos. Es también conocida como tarragón y se utiliza para preparaciones de mantequilla, vinagres y aceite, que a su vez se pueden utilizar en guisos y salsas. Es bastante fuerte.

Fromage Frais: significa "queso fresco" en francés. Se refiere a una gran cantidad de tipos de queso sin madurar y que se preparan para ser consumidos al poco tiempo de su preparación. Los tipos de fromage frais más comunes son el queso cottage, ricotta, mozzarela, queso crema y queso fresco. El más usado en las recetas es el queso crema, es un queso suave de consistencia cremosa hecho con leche y crema entera o sin grasa.

Kumera: papa dulce, camote.

Piroshki: platillo ruso compuesto de una masa con relleno de diversos ingredientes como carne, mariscos, queso o frutas. La forma puede ser rectangular, de media luna o triangular. Se consume frito u horneado.

Polvo de 5 especias: consiste en partes iguales de canela, clavo, semillas de hinojo, anís y pimientas de szechuan. Se adquiere en tiendas de comida asiática o en tiendas gourmets.

Salsa de pescado: originaria del sureste de asia. Son diferentes mezclas con base de pescado salado y fermentado, chile o azúcar. Tiene un sabor fuerte, el color varía de ocre a café. Se utiliza para condimentar y dar sabor (se le da un uso parecido al de la soya.)

Salsa hoi sin: (también se llama salsa Pekín). Es una salsa espesa de color café rojizo, de sabor dulce y picante que se usa en la cocina china. Es una mezcla de frijoles de soya, ajo, chiles rojos, diferentes especias. Se encuentra en mercados asiáticos.

Tahini: (salsa)

- 1 diente de ajo
- 1/2 cucharadita de sal
- 1 taza de tahini (semillas de ajonjolí, molidas)
- 1/2 taza de jugo de limón
- agua

En un molcajete, machacar el ajo y la sal hasta formar una pasta; agregar las semillas de ajonjolí y el jugo de limón, mezclar; agregar agua poco a poco hasta que tenga consistencia de crema espesa; añadir sal y limón al gusto. Esta salsa se usa en la cocina de medio oriente

Tzatziki: salsa griega hecha de yogurt natural, pepino rallado o picado, ajo machacado, aceite de olivo, vinagre y eneldo o menta.

Índice